10歳から考える伝える言葉

コミュニケーションのプロが教える思いやりのある話し方

監修 藤井貴彦

えほんの杜

はじめに　～おうちの方《かた》へ～

10歳前後《さいぜんご》の子《こ》どもたちは、まだ「自分《じぶん》の言葉《ことば》」が完成《かんせい》していません。
「自分《じぶん》の言葉《ことば》」を作《つく》ろうとしている成長《せいちょう》の過程《かてい》です。

アナウンサーという、言葉《ことば》に関《かか》わる仕事《しごと》に携《たずさ》わっていて、
日々《ひび》感《かん》じることがあります。

それは「言葉《ことば》の難《むずか》しさ」と「言葉《ことば》の素晴《すば》らしさ」です。
言葉《ことば》は、知《し》るほどに、難《むずか》しさがわかりますが
言葉《ことば》には素敵《すてき》なチカラもたくさんあります。

子《こ》どもたちが、どんな言葉《ことば》を使《つか》う大人《おとな》に成長《せいちょう》するか？

それによって、人間関係《にんげんかんけい》も変《か》わるかもしれません。
大人《おとな》になって、仕事《しごと》に就《つ》いたときにも影響《えいきょう》を及《およ》ぼすかもしれません。

だけど、急《いそ》ぐ必要《ひつよう》はありません。

本書《ほんしょ》を手《て》に取《と》って下《くだ》さったお子《こ》さんたちが

大人《おとな》になるまでに「自分《じぶん》の言葉《ことば》」を身《み》につけて
思《おも》いやりがある大人《おとな》に成長《せいちょう》してくれればいいと思《おも》います。

子《こ》どもたちは、自分《じぶん》のチカラで「自分《じぶん》の言葉《ことば》」を作《つく》ろうと
頑張《がんば》っていると思《おも》います。
ですが、素敵《すてき》な言葉《ことば》を自然《しぜん》に発言《はつげん》できるようになるには
人生経験《じんせいけいけん》も必要《ひつよう》です。

人生経験《じんせいけいけん》が少《すく》ない子《こ》どもたちのために、
周囲《しゅうい》の大人《おとな》たちが、少《すこ》しだけチカラを貸《か》してあげることによって、
子《こ》どもたちが使《つか》う言葉《ことば》は、見違《みちが》えるほど魅力的《みりょくてき》になることがあります。

素敵《すてき》な言葉《ことば》が使《つか》えて、素敵《すてき》な人間関係《にんげんかんけい》に恵《めぐ》まれる。
そして素敵《すてき》な言葉《ことば》が似合《にあ》う人間《にんげん》になる。

子《こ》どもたちがそんな大人《おとな》に成長《せいちょう》するために
本書《ほんしょ》が少《すこ》しでもお役《やく》に立《た》てましたら
こんなに嬉《うれ》しいことはありません。

フリーアナウンサー　藤井貴彦《ふじいたかひこ》

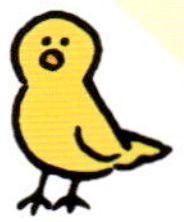

第《だい》1章《しょう》

言葉《ことば》のチカラは強《つよ》い　だからこそ気《き》をつけたいことがある

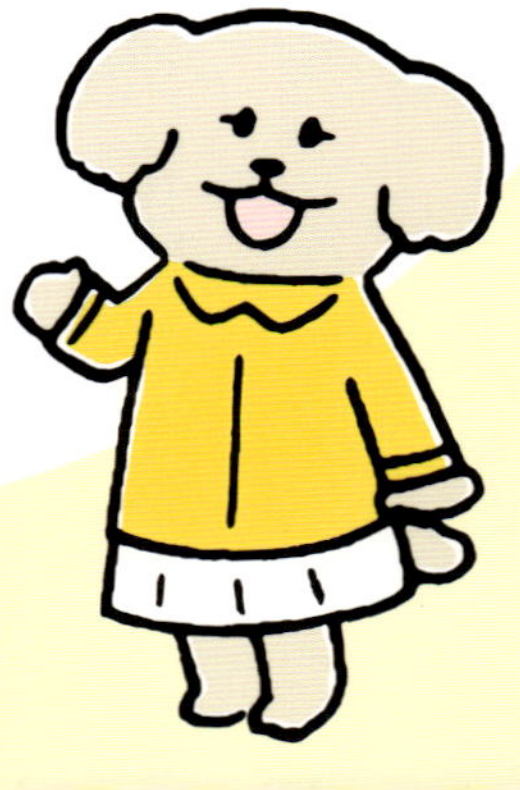

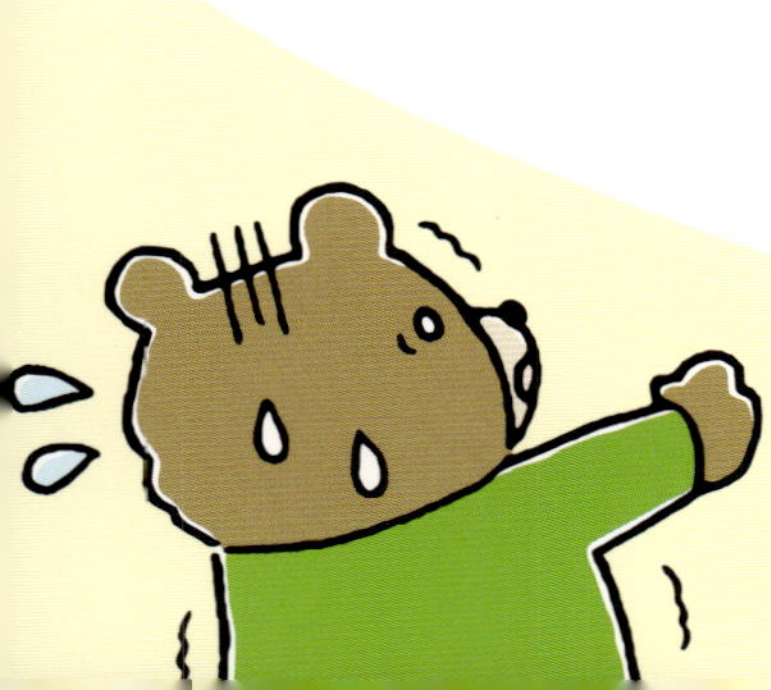

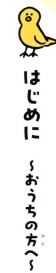

心《こころ》のキズ

第《だい》2章《しょう》 考《かんが》えてから発言《はつげん》できる大人《おとな》になる

第《だい》3章《しょう》

伝《つた》える言葉《ことば》の増《ふ》やし方《かた》

言葉《ことば》はときに
暴力《ぼうりょく》にもなる

言葉《ことば》の
チカラは強《つよ》い

だからこそ
気《き》をつけたいことがある

第《だい》1章《しょう》

言葉《ことば》は「矢《や》」のようなもの。
一度《いちど》発《はっ》した言葉《ことば》は取《と》り消《け》せないんだよ。
それに、自分《じぶん》の思《おも》いが誤解《ごかい》されて
相手《あいて》に届《とど》いてしまうこともある。
言葉《ことば》って、とても難《むずか》しいものだよね。
そんな言葉《ことば》も、丁寧《ていねい》にあつかえば
大切《たいせつ》な人《ひと》を勇気《ゆうき》づけることもできるんだ。

その言葉《ことば》が誰《だれ》かを
キズつけていないかな?

人間《にんげん》は慌《あわ》てて発言《はつげん》をすると「良《よ》くない言葉《ことば》」から出《で》てしまう習性《しゅうせい》があるよ!

藤井貴彦《ふじいたかひこ》アナウンサーの金言《きんげん》

**すぐにリアクションする必要《ひつよう》はないよ
キミたちはプロの芸人《げいにん》さんではないからね**

慌《あわ》てて発言《はつげん》する必要《ひつよう》はないよ

友《とも》だちと話《はなし》をしているときに、「すぐにリアクションをしないと」って感《かん》じたことはないかな？　リアクションの速度《そくど》が遅《おそ》いと、「鈍《にぶ》い人《ひと》」だとか、「つまらない人《ひと》」だと、思《おも》われてしまうのでは？　って感《かん》じたことはないかな？　でもね、そんなに慌《あわ》てて話《はな》す必要《ひつよう》はないよ。キミたちはプロの芸人《げいにん》さんではないんだから。すぐにリアクションするよりも、もっと大切《たいせつ》なことがあるよね。それは話《はな》している相手《あいて》をキズつけないこと。多《おお》くの人間《にんげん》は聖人君子《せいじんくんし》ではないよね。みんな普通《ふつう》の人《ひと》たちだよね。普通《ふつう》の人《ひと》だからこそ、慌《あわ》てて言葉《ことば》を発《はっ》すると「良《よ》くない言葉《ことば》」から先《さき》に出《で》てしまう可能性《かのうせい》があるんだ。キミが慌《あわ》てて発《はっ》した言《こと》葉《ば》で、友《とも》だちをキズつけてしまっているかもしれないよね。そうならないように、考《かんが》えてから発言《はつげん》できる大人《おとな》になってほしいな。

考《かんが》えないで発《はつ》言《げん》をすると 使《つか》い慣《な》れている 言葉《ことば》から出《で》てしまう

藤井貴彦《ふじいたかひこ》アナウンサーの金言《きんげん》

**考《かんが》えないで発言《はつげん》をすると、
相手《あいて》をキズつけてしまうこともある**

発言《はつげん》する前《まえ》に考《かんが》えよう

考《かんが》えないで慌《あわ》てて発言《はつげん》をすると、なぜ「良《よ》くない言葉《ことば》」から先《さき》に出《で》てしまうのか？

それはね、人間《にんげん》は普段使《ふだんつか》い慣《な》れている言葉《ことば》から先《さき》に出《で》てしまう習性《しゅうせい》があるからだよ。

キミたちが使《つか》い慣《な》れている言葉《ことば》は何《なに》かな？ 学校《がっこう》で流行《はや》っている言葉《ことば》は何《なん》かな？ その言葉《ことば》を言《い》うと「ウケる」から学校《がっこう》で流行《はや》っている、ということはないかな？ 残念《ざんねん》ながら、多《おお》くの人《ひと》たちにとって「使《つか》い慣《な》れている言葉《ことば》」と「思《おも》いやりのある言葉《ことば》」は違《ちが》う、という現実《げんじつ》があるんだ。

だからこそ、考《かんが》えずに「使《つか》い慣《な》れている言葉《ことば》」を発《はっ》してしまうと、相手《あいて》をキズつけてしまうこともあるよ。

発言《はつげん》する前《まえ》に相手《あいて》のことを考《かんが》え、この言葉《ことば》が相手《あいて》をキズつけないか考《かんが》えてみる。それこそが相手《あいて》への思《おも》いやりだよね。

考《かんが》えてからの発言《はつげん》 VS 考《かんが》えないとっさの発言《はつげん》

なにがどう変《か》わるのか?
一緒《いっしょ》に考《かんが》えてみよう!

藤井貴彦《ふじいたかひこ》アナウンサーの体験談《たいけんだん》だよ

藤井《ふじい》アナウンサーは、大学時代《だいがくじだい》に学習塾講師《がくしゅうじゅくこうし》のアルバイトをしていたんだ。そのときに「考《かんが》えてから発言《はつげん》すること」の大切《たいせつ》さに、気《き》がつく体験《たいけん》をしたよ。生徒《せいと》たちに難《むずか》しい問題《もんだい》を出題《しゅつだい》して、「誰《だれ》かこの問《もん》題《だい》の答《こた》えがわかる人《ひと》はいるかな？」と問《と》いかけたところ、ひとりが難問《なんもん》にもかかわらず、一生懸命《いっしょうけんめい》に解《かい》答《とう》してくれた。その生徒《せい》《と》のチャレンジ精神《せいしん》に心《こころ》を打《う》たれた藤井《ふじい》アナウンサーは、全員《ぜんいん》に問《と》いかけたんだ。

このときに藤井《ふじい》アナウンサーは生徒《せいと》たちに、考《かんが》える時間《じかん》を充分《じゅうぶん》に与《あた》えて、考《かんが》えが整理《せいり》できた生徒《せいと》から、順番《じゅんばん》にゆっくりと意見《いけん》を聞《き》いていったんだ。

藤井《ふじい》アナウンサーは生徒全員《せいとぜんいん》に聞《き》いたんだって

藤井《ふじい》アナウンサーは生徒《せいと》たちに
充分《じゅうぶん》に考《かんが》える時間《じかん》を与《あた》えた!

ゆっくり考《かんが》えて
自分《じぶん》の考《かんが》えが
整理《せいり》できた人《ひと》から
発言《はつげん》してね!

そ・う・し・た・ら

生徒《せいと》たちは
思《おも》いやりがある「いい言葉《ことば》」を発言《はつげん》してくれた

勇気《ゆうき》がある行動《こうどう》で、
自分《じぶん》も見習《みなら》いたい

自分《じぶん》も積極的《せっきょくてき》に発言《はつげん》できる
人間《にんげん》になりたい

普段《ふだん》キミたちが勉強《べんきょう》している
教室《きょうしつ》を思《おも》い出《だ》してみて!
普段《ふだん》の教室《きょうしつ》では、じっくりと考《かんが》えてから発言《はつげん》する
時間《じかん》を持《も》つことは少《すく》ないんじゃない?

考《かんが》える時間《じかん》を持《も》たずに発言《はつげん》すると

なにカッコつけてんだよ
結局《けっきょく》、まちがえてるじゃん

などの「良《よ》くない言葉《ことば》」から
出《で》てしまう可能性《かのうせい》はないかな?

キミたちはどう思《おも》うかな? 普段《ふだん》の生活《せいかつ》で同《おな》じ状況《じょうきょう》になったとき、考《かんが》えずに瞬発的《しゅんぱつてき》に発言《はつげん》すると、とっさに上《うえ》のような「良《よ》くない言葉《ことば》」が口《くち》から出《で》てしまう可能性《かのうせい》はないかな? たとえ軽《かる》い気持《きも》ちの発言《はつげん》だったとしても、言《い》われた友《とも》だちはキズついてしまうよね。だからこそ充分《じゅうぶん》に気《き》をつけたいよね。

言葉《ことば》は自分《じぶん》の意図《いと》とは異《こと》なる意味《いみ》で相手《あいて》に届《とど》くこともある

藤井貴彦《ふじいたかひこ》アナウンサーの金言《きんげん》

自分《じぶん》の投《な》げた言葉《ことば》が相手《あいて》にどのように届《とど》いたのか、正確《せいかく》に確認《かくにん》することはできない

言葉《ことば》は誤解《ごかい》されることもあるよ

たとえば、最近《さいきん》キレイになった友《とも》だちに、褒《ほ》め言葉《ことば》のつもりで「最近《さいきん》キレイになったね」と言《い》ったら、友《とも》だちの表情《ひょうじょう》が曇《くも》ってしまった……なんてことが起《お》きるのが言葉《ことば》の世界《せかい》だよ。

キミは心《こころ》からそう思《おも》ったから褒《ほ》めたのに、その言葉《ことば》を受《う》け取《と》った友《とも》だちは「今《いま》までキレイではなかったの？」と、誤解《ごかい》して受《う》け取《と》ってしまい、表情《ひょうじょう》が曇《くも》った可能性《かのうせい》があるよね。

自分《じぶん》の意図《いと》とは、違《ちが》う意味《いみ》で相手《あいて》に届《とど》いてしまうこともある。

それが言葉《ことば》なんだよ。

言葉《ことば》は一度《いちど》相手《あいて》に向《む》かって投《な》げてしまうと、鏡《かがみ》のようには返《かえ》ってこない。

自分《じぶん》の投《な》げた言葉《ことば》が相手《あいて》にどのように届《とど》いたのか、正確《せいかく》には確認《かくにん》できない。

だから、言葉《ことば》はあつかいが難《むずか》しいんだ。

キズついた心《こころ》

発言後《はつげんご》では ときすでに遅《おそ》し！

藤井貴彦《ふじいたかひこ》アナウンサーの金言《きんげん》

言葉《ことば》は口《くち》から放《はな》たれた矢《や》と同《おな》じ

一度《いちど》放《はな》った言葉《ことば》は元《もと》には戻《もど》らない

自分《じぶん》が発《はっ》した言葉《ことば》で、相手《あいて》をキズつけてしまったと気《き》づいたとき、「そんなつもりで言《い》ったんじゃないよ」と、謝《あやま》って誤解《ごかい》を解《と》こうとするよね。

でも言葉《ことば》は口《くち》から放《はな》たれた矢《や》と同《おな》じ。たとえ相手《あいて》をキズつけるつもりではなかった発言《はつげん》でも、一度《いちど》放《はな》たれた言葉《ことば》の矢《や》で、相手《あいて》の心《こころ》はキズついてしまって、どんなに謝《あやま》ったところで、もう元《もと》には戻《もど》らない可能性《かのうせい》もあるよね。

そうならないように、発言《はつげん》する前《まえ》に自分《じぶん》の言葉《ことば》が誰《だれ》かをキズつけないか、いったん心《こころ》の中《なか》で確認《かくにん》する習慣《しゅうかん》をつけてほしいな。なにしろ一度《いちど》発言《はつげん》したら取《と》り消《け》せないこともあるのが言葉《ことば》だから。

でも、たとえ手遅《ておく》れだったとしても謝《あやま》ることはとても大切《たいせつ》だよね。

雰《ふん》囲《い》気《き》と発言《はつげん》

その場《ば》のノリを優先《ゆうせん》して友《とも》だちをキズつけていないかな？

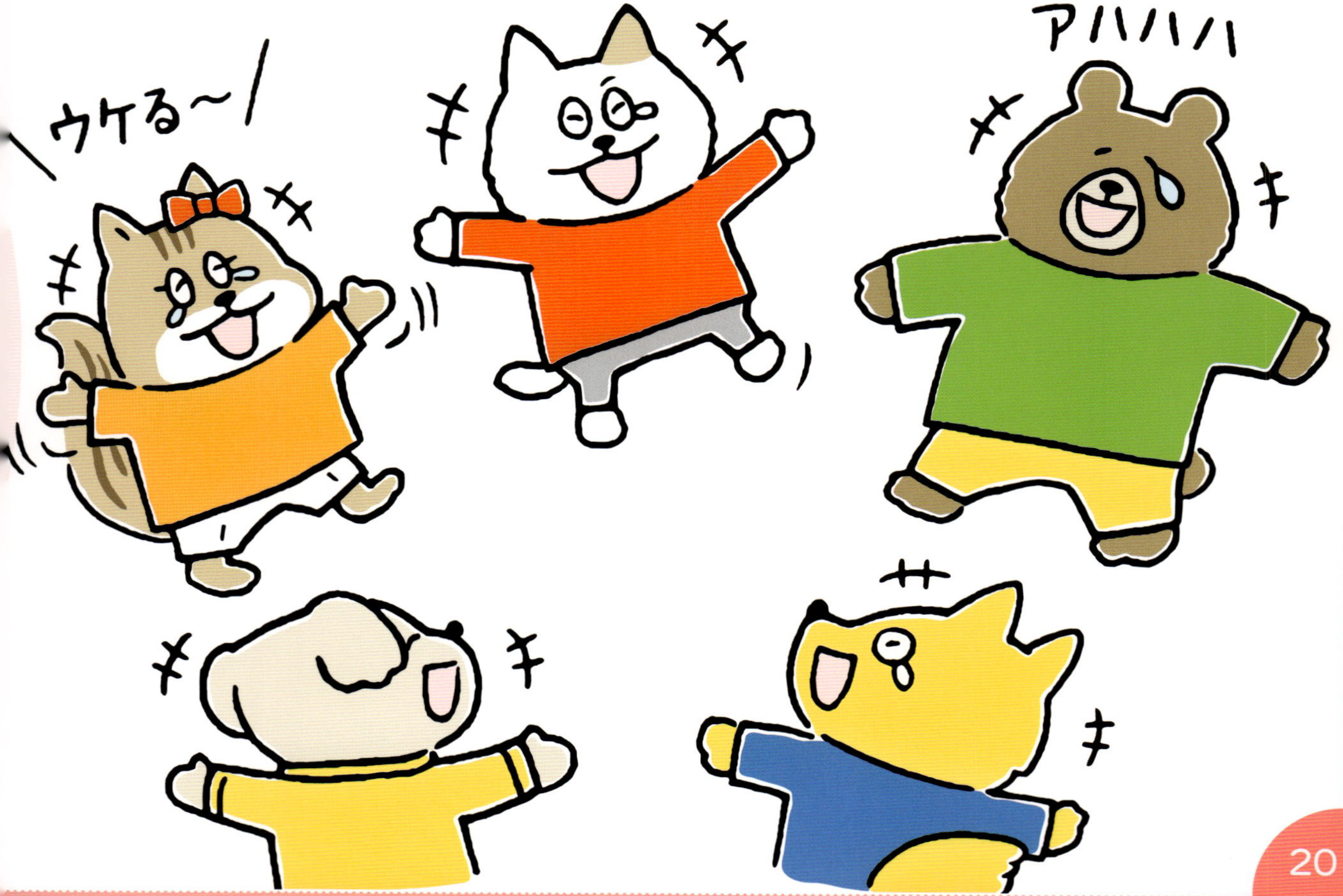

藤井貴彦《ふじいたかひこ》アナウンサーの金言《きんげん》

その場《ば》の雰囲気《ふんいき》より重要《じゅうよう》なのは大切《たいせつ》な友《とも》だちの心《こころ》だよね

ウケればいい！ はキケン

仲《なか》のいい友《とも》だちとおしゃべりするのって楽《たの》しいよね。自分《じぶん》の言葉《ことば》でみんながワーッと大《おお》笑《わら》いしてくれると、体《からだ》がフワフワして、すごく得意《とくい》な気分《きぶん》になってくるよね。

思《おも》いつくままましゃべっていると、あれれ？ひとりの友《とも》だちが悲《かな》しそうな顔《かお》でうつむいているよ。どうやら、うっかりあの子《こ》をキズつけるようなことを言《い》ってしまったみたい。

「楽《たの》しければいい。大切《たいせつ》なのは盛《も》り上《あ》がるかどうか、その場《ば》のノリが大事《だいじ》！」そんな風《ふう》に感《かん》じたことはないかな？

実《じつ》はこれ、とってもキケンなことなんだ。ウケることとやその場《ば》の雰囲気《ふんいき》を優先《ゆうせん》しすぎると、気《き》がつかないうちに、大切《たいせつ》な友《とも》だちをキズつけてしまっていることがあるよ。

その場《ば》の雰囲気《ふんいき》よりも重要《じゅうよう》なのは、大切《たいせつ》な友《とも》だちの心《こころ》だよね。

言葉《ことば》の暴力《ぼうりょく》のハードルは思《おも》っている以上《いじょう》に低《ひく》い

藤井貴彦《ふじいたかひこ》アナウンサーの金言《きんげん》

**知《し》らず知《し》らずのうちに、
言葉《ことば》の暴力《ぼうりょく》で友《とも》だちをキズつけて
しまっているかもしれないよ**

言葉《ことば》の暴力《ぼうりょく》は境界線《きょうかいせん》が曖昧《あいまい》

人《ひと》を蹴《け》ったり、殴《なぐ》ったりして暴力《ぼうりょく》をふるうと、それは「犯罪《はんざい》」になるよね。学校《がっこう》で暴力《ぼうりょく》をふるう人《ひと》はさすがに少《すく》ないと思《おも》うけど、言葉《ことば》の暴力《ぼうりょく》で友《とも》だちをキズつけてしまっていることはないかな？

げんこつで殴《なぐ》られたのと同《おな》じくらい、もしくはそれ以上《いじょう》の痛《いた》みを心《こころ》に受《う》けてしまうこともある。それが言葉《ことば》の暴力《ぼうりょく》だよ。

言葉《ことば》の暴力《ぼうりょく》は「ウケる会話《かいわ》」や、「悪《わる》ふざけの会話《かいわ》」との境界線《きょうかいせん》が分《わ》かりにくい上《うえ》に、言葉《ことば》の暴力《ぼうりょく》をふるっている本人《ほんにん》にも自覚《じかく》がないことがあるから、難《むずか》しい問題《もんだい》なんだ。

知《し》らず知《し》らずのうちに、言葉《ことば》の暴力《ぼうりょく》で友《とも》だちをキズつけてしまっていることもあるよ。

そのことをしっかりと心《こころ》に刻《きざ》んでいれば、言葉《ことば》で誰《だれ》かをキズつけたり、キズつけられたりする可能性《かのうせい》はぐっと低《ひく》くなるよ。

言葉《ことば》で大切《たいせつ》な友《とも》だちをキズつけてしまう理由《りゆう》

で発言《はつげん》してしまうからだよ

考《かんが》えないで発言《はつげん》するってどういうことだろう？

言葉《ことば》のチカラは強《つよ》いんだ

友《とも》だちからかけられた、何気《なにげ》ない一言《ひとこと》で勇《ゆう》気《き》づけられたり、逆《ぎゃく》に落《お》ち込《こ》んでしまったり、言葉《ことば》の持《も》つチカラはとても強《つよ》いよね。心《こころ》を癒《い》やす「薬《くすり》」にもなるけど、心《こころ》を苦《くる》しめる「毒《どく》」にもなる。それが言葉《ことば》だよね。

第《だい》1章《しょう》で、キミたちに伝《つた》えたかったことは、言葉《ことば》のチカラの強《つよ》さ。中《なか》でもとくに「毒《どく》」になってしまう可能性《かのうせい》がある「言葉《ことば》」について解説《かいせつ》させてもらったよね。

チカラのある言葉《ことば》が「毒《どく》」へと変身《へんしん》してしまう理由《りゆう》の多《おお》くは「よく考《かんが》えずにした発言《はつげん》」。よく考《かんが》えずに発《はっ》した言葉《ことば》は意図《いと》せぬ「毒《どく》」に変身《へんしん》して、友《とも》だちの心《こころ》をキズつけてしまうことがあるから、気《き》をつけようね。

言葉《ことば》が誤解《ごかい》されて伝《つた》わってしまう理由《りゆう》

その理由《りゆう》の多《おお》くは考《かん》えない

考《かんが》えてから発言《はつげん》するとは

この発言《はつげん》をしたら友《とも》だちがどう思《おも》うか?
よく考《かんが》えてから発言《はつげん》すること!

▼

でもキミたちにはまだ難《むずか》しいかもしれないね。
難《むずか》しいけど、子《こ》ども時代《じだい》から意識《いしき》することで、
いつか「考《かんが》えて言葉《ことば》を選《えら》べる」
大人《おとな》になって欲《ほ》しいな!

▼

第《だい》2章《しょう》では、どうすれば

**考《かんが》えてから発言《はつげん》できるようになるのか?
その方法《ほうほう》を解説《かいせつ》させていただきます!**

第《だい》2章《しょう》

考《かんが》えてから発言《はつげん》できるようになれば、
言葉《ことば》で誰《だれ》かをキズつけてしまうことを
減《へ》らすことができる。
だけど、子《こ》どものキミたちには難《むずか》しいよね。
だから、第《だい》2章《しょう》では子《こ》ども時代《じだい》から
できる訓練方法《くんれんほうほう》を紹介《しょうかい》するよ。

第《だい》一歩《いっぽ》は
感謝《かんしゃ》の言葉《ことば》

言葉《ことば》よりも強《つよ》い
友《とも》だちとの信頼関係《しんらいかんけい》

考《かんが》えてから 発言《はつげん》できる 大人《おとな》になる

この発言《はつげん》をしたら 相手《あいて》がどう思《おも》うか? 考《かんが》える習慣《しゅうかん》をつけよう

藤井貴彦《ふじいたかひこ》アナウンサーの金言《きんげん》

自分《じぶん》の言葉《ことば》で相手《あいて》がどんな気持《きも》ちになるか、考《かんが》える習慣《しゅうかん》をつけよう

今《いま》すぐにできなくてもいいんだよ！

10歳《さい》のキミたちは「考《かんが》える前《まえ》に言葉《ことば》が口《くち》から出《で》てしまう」ことが多《おお》いよね。

とくに怒《おこ》っているときや悲《かな》しいときなどは、感情《かんじょう》が先走《さきばし》ってしまうことがある。

何《なに》かを発言《はつげん》するたびに「自分《じぶん》がこれを言《い》ったら相手《あいて》はどう思《おも》うだろう？」と考《かんが》えることは、子《こ》どものキミたちにとっては、かなり難《むずか》しいよね。

だから、今《いま》すぐにできるようになる必要《ひつよう》はないよ。

大事《だいじ》なのは、いざ言葉《ことば》を発《はっ》するときに、「この言葉《ことば》で相手《あいて》はどう思《おも》うかな？」と一瞬《いっしゅん》でも考《かんが》える習慣《しゅうかん》をつけることなんだ。

子《こ》ども時代《じだい》からそうした習慣《しゅうかん》をつけていれば、経験《けいけん》を重《かさ》ねて大人《おとな》になったときに、相手《あいて》を思《おも》いやって発言《はつげん》できる、素敵《すてき》な大人《おとな》になっているはずだよ。

この発言《はつげん》をしたら、友《とも》だちをキズつけないかな？

…と考《かんが》えられるようになるにはどうしたらいいの？

そのひとつの方法《ほうほう》が **言葉《ことば》の試着《しちゃく》だよ**

言葉《ことば》の試着《しちゃく》ってなんだろう？

▼

言葉《ことば》は予想以上《よそういじょう》に相手《あいて》に威圧感《いあつかん》を与《あた》えてしまうことが多《おお》いんだ

▼

せめられるような言葉《ことば》を聞《き》くのは誰《だれ》だっていやだよね

▼

そんなとき役《やく》に立《た》つのが洋服《ようふく》を試着《しちゃく》するイメージだよ

言葉《ことば》を発《はっ》する前《まえ》に「これで大丈夫《だいじょうぶ》かな？」と自分《じぶん》の心《こころ》に問《と》いかける習慣《しゅうかん》をつけよう！

洋服《ようふく》を買《か》うときは、その洋服《ようふく》がカラダに合《あ》っているかどうか、念《ねん》のため鏡《かがみ》でチェックするよね。それと同《おな》じように、言葉《ことば》を発《はっ》する前《まえ》には、自分《じぶん》の言葉《ことば》が誰《だれ》かをキズつけるようなことはないか、いったん心《こころ》の中《なか》で確認《かくにん》する習慣《しゅうかん》をつけてみよう。

洋服《ようふく》を試着《しちゃく》するときは、いろいろな角度《かくど》から自分《じぶん》の姿《すがた》を眺《なが》めてチェックするよね。言葉《ことば》もさまざまな角度《かくど》から確認《かくにん》してみることが必要《ひつよう》だよ。それが自分《じぶん》の言葉《ことば》に責任《せきにん》を持《も》つということなんだ。

最初《さいしょ》から毛皮《けがわ》のコートを着《き》るのではなく、薄手《うすで》の洋服《ようふく》を重《かさ》ね着《ぎ》していく感覚《かんかく》で言葉《ことば》を選《えら》ぶといいよ。それが相手《あいて》に威圧感《いあつかん》を与《あた》えず、話《はな》しながら言葉《ことば》を試着《しちゃく》するコツだよ。

でもね…

「言葉《ことば》の試着《しちゃく》」は大人《おとな》でも難《むずか》しいよ。

子《こ》ども時代《じだい》は練習《れんしゅう》を重《かさ》ねる時期《じき》だと考《かんが》えようね。

大人《おとな》になってからできればいいんだよ。

まずは子《こ》どものキミたちにもできることからやってみよう。

今《いま》のキミたちにオススメの練習法《れんしゅうほう》は、

相手《あいて》の表情《ひょうじょう》を見《み》ながら話《はな》すこと

相手《あいて》の表情《ひょうじょう》にはさまざまな情報《じょうほう》が隠《かく》されている！

キミが何《なに》かを言《い》ったとき、相手《あいて》の顔《かお》が曇《くも》ったり、悲《かな》しそうになったりしたことはないかな。もしかしたら、キミの発言《はつげん》の何《なに》かが、知《し》らぬ間《ま》に相手《あいて》を傷《きず》つけていたかもしれないね。

キミの言葉《ことば》がどのように相手《あいて》に届《とど》いたか教《おし》えてくれるヒントは、実《じつ》は相手《あいて》の顔《かお》に隠《かく》されているんだ。相手《あいて》の表情《ひょうじょう》は、さまざまな情報《じょうほう》の宝庫《ほうこ》だよ。

だから、キミが言葉《ことば》を発《はっ》するときは、相手《あいて》の表情《ひょうじょう》をしっかり見《み》ながら会話《かいわ》するようにしてみよう。

子《こ》ども時代《じだい》から相手《あいて》の気持《きも》ちを思《おも》いやりながら発言《はつげん》するよう心《こころ》がければ、大人《おとな》になったときに上手《じょうず》に言葉《ことば》の試着《しちゃく》ができるようになるよ！

友《とも》だちに言《い》われて悲《かな》しくなった言葉《ことば》を覚《おぼ》えておこう

藤井貴彦《ふじいたかひこ》アナウンサーの金言《きんげん》

悲《かな》しい気持《きも》ちになった経験《けいけん》も、思《おも》いやりのある言葉《ことば》を選《えら》ぶためのチカラになるよ

言《い》われると悲《かな》しくなる言葉《ことば》

キミは友《とも》だちに「何《なに》か」を言《い》われて、悲《かな》しい気持《きも》ちになったことはないかな？

でもそのときに、友《とも》だちは「キミが悲《かな》しい気持《きも》ち」になっていることに、気《き》づいていないかもしれないよ。

友《とも》だちは「悪意《あくい》」があって、その言葉《ことば》を投《な》げかけたとは限《かぎ》らないからね。それでもキミが悲《かな》しい気持《きも》ちになったとしたら、それこそが言葉《ことば》の難《むずか》しさだよね。

相手《あいて》に「悪意《あくい》」がなくても、「キミが悲《かな》しい気持《きも》ちになった言葉《ことば》」は、状況《じょうきょう》によっては、人《ひと》を悲《かな》しませる可能性《かのうせい》がある言葉《ことば》だよ。

その言葉《ことば》を覚《おぼ》えておいて、キミが誰《だれ》かに、同《おな》じ言葉《ことば》を使《つか》いそうになったときに考《かんが》えてほしいな。「今《いま》この言葉《ことば》を相手《あいて》に投《な》げかけて、相手《あいて》は悲《かな》しい気持《きも》ちにならないかな？」。この繰《く》り返《かえ》しで優《やさ》しい大人《おとな》になれるよ。

言葉《ことば》は道具《どうぐ》と同《おな》じで
使《つか》い慣《な》れていないと
使《つか》いこなせない

藤井貴彦《ふじいたかひこ》アナウンサーの金言《きんげん》

いつでも使《つか》えるように、
いい言葉《ことば》はしまい込《こ》まないで、
どんどん使《つか》おう！

優《やさ》しい言葉《ことば》は心《こころ》の奥《おく》にある

思《おも》いやりがある優《やさ》しい言葉《ことば》ってなんだろう？ そう考《かんが》えるとなんだか難《むずか》しいよね。

本当《ほんとう》の「優《やさ》しい言葉《ことば》」はキミの心《こころ》の奥《おく》にあるかもしれないよ。

キミが友《とも》だちのことを大切《たいせつ》に思《おも》って、友《とも》だちのことを考《かんが》えて出《で》てくる言葉《ことば》。それが「優《やさ》しい言葉《ことば》」だよね。

でもね、言葉《ことば》も道具《どうぐ》と同《おな》じで、普段《ふだん》から使《つか》っていないと、上手《じょうず》に使《つか》いこなせないよ。釣《つ》り道具《どうぐ》でも、掃除道具《そうじどうぐ》でも、押《お》し入《い》れにしまったままにしておくと、使《つか》い方《かた》がわからなくなってしまうよね。そして、いざというときに上手《じょうず》に使《つか》えない。言葉《ことば》も同《おな》じだよ。

キミがどんなに「優《やさ》しい言葉《ことば》」を持《も》っていても、その言葉《ことば》を心《こころ》の奥《おく》にしまい込《こ》んでいたら、使《つか》いこなせないよね。せっかくいい道具《どうぐ》（言葉《ことば》）を持《も》っているなら、使《つか》わないとね。

「いい言葉《ことば》」に慣《な》れるには感謝《かんしゃ》の気持《きも》ちを言葉《ことば》にすることが大切《たいせつ》

藤井貴彦《ふじいたかひこ》アナウンサーの金言《きんげん》

感謝《かんしゃ》の気持《きも》ちを素直《すなお》に言葉《ことば》にしよう

感謝《かんしゃ》の言葉《ことば》からはじめよう

「いい言葉《ことば》」や「優《やさ》しい言葉《ことば》」を使《つか》いこなすのは、得意《とくい》な自転車《じてんしゃ》を乗《の》りこなすほど、簡単《かんたん》ではなさそうだよね。それなら簡単《かんたん》にできることからはじめよう。

ご飯《はん》を食《た》べるときに、感謝《かんしゃ》の気持《きも》ちを込《こ》めて「いただきます」「ごちそうさまでした」と言《い》うだけでいいよ。友《とも》だちに親切《しんせつ》にしてもらったら「ありがとう」と言《い》えばいい。

まずは感謝《かんしゃ》の気持《きも》ちを素直《すなお》に言葉《ことば》で表《あらわ》すことからはじめてみよう。それだけで周囲《しゅうい》の人《ひと》たちの反応《はんのう》も変《か》わってくると思《おも》うよ。感謝《かんしゃ》の気持《きも》ちを表《あらわ》したキミに、みんな微笑《ほほえ》みかけてくれるかもよ。

微笑《ほほえ》みが返《かえ》ってくると嬉《うれ》しいよね。嬉《うれ》しいからまた「感謝《かんしゃ》の言葉《ことば》」を使《つか》うよね。その繰《く》り返《かえ》しで、気《き》がついたら「いい言葉《ことば》」を自然《しぜん》に使《つか》えるようになるよ。

良《よ》くない言葉《ことば》を使《つか》いすぎると
良《よ》くない言葉《ことば》に
似合《にあ》った人《ひと》になってしまうよ

藤井貴彦《ふじいたかひこ》アナウンサーの金言《きんげん》

キミが発《はっ》する言葉《ことば》が
キミ自身《じしん》を作《つく》り上《あ》げていく

発《はっ》する言葉《ことば》がキミ自身《じしん》だよ

いい言葉《こと》を使《つか》う生活《せいかつ》をしていると「いい言葉《ば》を発《はっ》することが習慣《しゅうかん》になる」という説明《せつめい》はしたよね。

だけど、その逆《ぎゃく》もあるんだ。

良《よ》くない言葉《ことば》や、人《ひと》をキズつける言葉《ことば》を使《つか》う生活《せいかつ》を続《つづ》けていると、習慣《しゅうかん》になってしまう。そして「人《ひと》は無意識《むいしき》のうちに良《よ》くない言葉《ことば》を先《さき》に発《はっ》してしまうことがある」と10ページで説明《せつめい》したよね。

良《よ》くない言葉《ことば》は相手《あいて》を不快《ふかい》にさせるだけではなく、発言《はつげん》する本人《ほんにん》の印象《いんしょう》まで悪《わる》くしてしまうよ。

キミが発《はっ》する言葉《ことば》が、キミ自身《じしん》を作《つく》り上《あ》げていくからね。良《よ》くない言葉《ことば》ばかりを発《はっ》していると、気《き》がついたときには「良《よ》くない言葉《ことば》に似合《にあ》った人間《にんげん》」になってしまっているかもしれないよ。

感情的《かんじょうてき》になっているときには まず薄味《うすあじ》の言葉《ことば》を 使《つか》ってみよう

藤井貴彦《ふじいたかひこ》アナウンサーの金言《きんげん》

薄味《うすあじ》の言葉《ことば》には、言葉《ことば》のトーンを調整《ちょうせい》する余地《よち》があるよ

少《すこ》しずつ言葉《ことば》の味《あじ》を濃《こ》くする

感情的《かんじょうてき》になっているときに発言《はつげん》する言葉《ことば》は、とくに注意《ちゅうい》が必要《ひつよう》だよ。

そんなときの言葉《ことば》は、自分《じぶん》がイメージしているよりも「威圧的《いあつてき》」に伝《つた》わることが多《おお》いんだ。味《あじ》にたとえると「濃厚味《のうこうあじ》」。濃厚味《のうこうあじ》を後《あと》から薄《うす》めることはできないよね。だからこそ最初《さいしょ》は「薄味《うすあじ》」を意識《いしき》した「言葉選《ことばえら》び」がオススメ。

薄味《うすあじ》で話《はなし》をはじめて、相手《あいて》の反応《はんのう》（表情《ひょうじょう》）を確認《かくにん》しながら、少《すこ》しずつ言葉《ことば》のトーンを調《ちょう》整《せい》していくイメージだね。

薄味《うすあじ》にするほど言葉《ことば》は優《やさ》しくなって、キミの感情《かんじょう》はダイレクトに届《とど》かないけど、その分《ぶん》相手《あいて》に「威圧感《いあつかん》」を与《あた》えないよね。

薄味《うすあじ》で話《はなし》をはじめて、相手《あいて》の表情《ひょうじょう》が曇《くも》らないようだったら、少《すこ》しずつ味《あじ》を濃《こ》くするイメージで、キミの感情《かんじょう》を伝《つた》えてみるといいよ。

藤《ふじ》井《い》貴《たか》彦《ひこ》アナウンサーのプロの技《わざ》！

言《こと》葉《ば》を薄《うす》味《あじ》に調《ちょう》節《せつ》するってどういうこと？

ひとつの方法《ほうほう》が、優《やさ》しさをともなって話《はな》すことだよ。藤井《ふじい》アナウンサーの例《れい》を見《み》てみよう。

新型《しんがた》コロナウイルス感染症《かんせんしょう》がはやっていたとき、藤井《ふじい》アナウンサーはここに注意《ちゅうい》して報道《ほうどう》していた！

新型《しんがた》コロナ感染症《かんせんしょう》が全国《ぜんこく》に広《ひろ》まっていたとき、学校《がっこう》では授業《じゅぎょう》ができなかったり、飲食店《いんしょくてん》は休業《きゅうぎょう》したりしなければならなかった。人々《ひとびと》の外出《がいしゅつ》は制限《せいげん》され、日本中《にっぽんじゅう》が大変《たいへん》な時期《じき》だったんだ。

優《やさ》しさをともなって話《はな》すとは、
いま一番困《いちばんこま》っている人《ひと》に
照準《しょうじゅん》を合《あ》わせて話《はな》すこと！

藤井《ふじい》アナウンサーは番組《ばんぐみ》を通《つう》じて何《なん》とかみんなを励《はげ》ます言葉《ことば》を伝《つた》えたかったけど、人《ひと》はそれぞれ立場《たちば》が違《ちが》う。すべての人《ひと》に向《む》けた言葉《ことば》を言《い》おうとすると、結局《けっきょく》「がんばりましょう」という言葉《ことば》になってしまって、思《おも》いが届《とど》かないと藤井《ふじい》アナウンサーは思《おも》ったんだって。藤井《ふじい》アナウンサーはどうしたと思《おも》う？

それはね、いま一番困《いちばんこま》っている人《ひと》や、大変《たいへん》な状況《じょうきょう》に置《お》かれている人《ひと》たちに照準《しょうじゅん》を合《あ》わせて話《はな》すようにしたんだって。

コロナのせいで遊《あそ》びに行《い》けない人《ひと》たちよりも、コロナで職《しょく》を失《うしな》って赤《あか》ちゃんのミルクも買《か》えない、そんな人《ひと》たちに言葉《ことば》を届《とど》けるようにしたんだ。

番組《ばんぐみ》を観《み》ている人《ひと》たちも、「そんなに困《こま》っている人《ひと》がいるなら、まずはその人《ひと》たちを助《たす》けてほしい」と思《おも》ったはず。みんなの心《こころ》に優《やさ》しい気持《きも》ちが芽生《めば》えるよう工夫《くふう》したんだ。

相手《あいて》を
言《い》い負《ま》かそうとしない

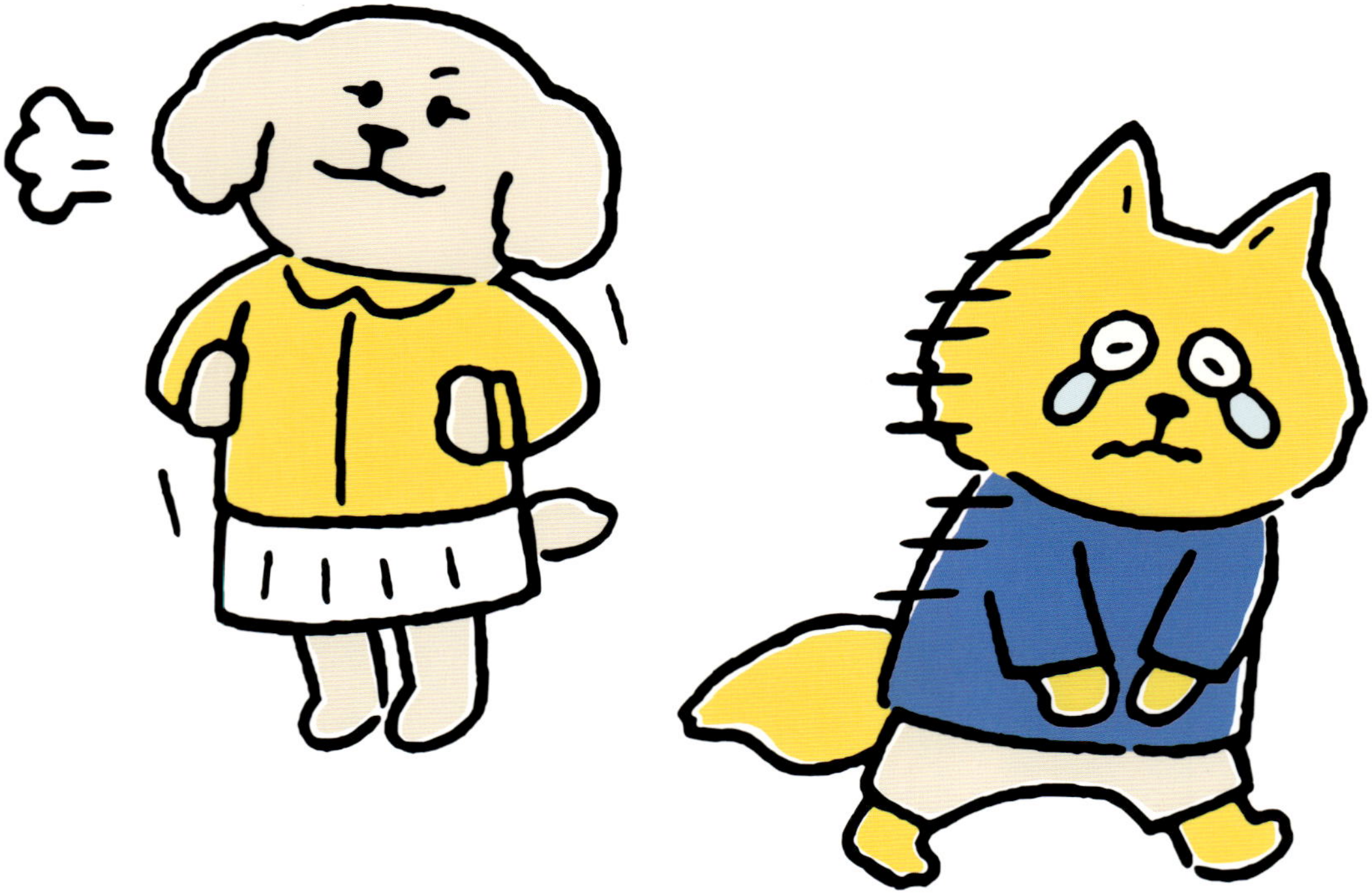

藤井貴彦《ふじいたかひこ》アナウンサーの金言《きんげん》

口論《こうろん》して「勝《か》った！」という感覚《かんかく》になったときには気《き》をつけて

友《とも》だちはきっと納得《なっとく》していないよ

友《とも》だちと口論《こうろん》になったとき、友《とも》だちを言《い》い負《ま》かして「勝《か》った」という感覚《かんかく》になったことはないかな？

もしも「勝《か》った」という感覚《かんかく》になったとしたら、気《き》をつけてほしいんだ。

キミが「勝《か》った」と思《おも》ったとき、友《とも》だちは悲《かな》しそうな顔《かお》をしていなかったかな？ もし悲《かな》しそうな顔《かお》をしていたら、その友《とも》だちはきっとキズついているよ。「勝《か》った」と思《おも》っているのはキミだけで、友《とも》だちは納得《なっとく》していないはずだよ。

友《とも》だちが悲《かな》しそうな顔《かお》をしていて、自分《じぶん》だけ気分《きぶん》が良《よ》かったら、それは相手《あいて》のために発言《はつげん》したのではなくて、自分《じぶん》のための発言《はつげん》だよね。キミの独《ひと》りよがりで、友《とも》だちをキズつけているかもしれないよ。

そのことに気《き》がつくことは大切《たいせつ》だよ。

がいいときは気《き》をつけて

会話《かいわ》を楽《たの》しんでいるのは自分《じぶん》だけかも!?

藤井《ふじい》アナウンサーはこれを

マッサージ理論《りろん》と名《な》づけているよ

言葉《ことば》のコミュニケーションでも同《おな》じかもしれないよ！

大人《おとな》になったら
思《おも》い出《だ》して
ほしい

話《はな》していて気分《きぶん》

どちらか一方《いっぽう》がマッサージする会話《かいわ》は、対等《たいとう》なコミュニケーションとはいえない

クラスで人気者《にんきもの》の子《こ》が話《はな》しているとき、たとえ退屈《たいくつ》な自慢話《じまんばなし》でも、みんなは何度《なんど》もうなずいたり、話《はなし》を合《あ》わせたりして、楽《たの》しく聞《き》いているふりをすることがないかな。

話《はな》している本人《ほんにん》はみんなが熱心《ねっしん》に聞《き》いてくれるから、ますます気分《きぶん》が良《よ》くなって、実《じつ》は退屈《たいくつ》されているのに気《き》づかない…。これがマッサージ理論《りろん》で言《い》うところの、一方《いっぽう》がマッサージされている状態《じょうたい》だよ。どちらか一方《いっぽう》に負担《ふたん》がかたよっていて、対等《たいとう》じゃないコミュニケーションは悲《かな》しいよね。自分《じぶん》も相手《あいて》もともに楽《たの》しいのが理想《りそう》のコミュニケーションだ。

もしかしたら自分《じぶん》も人《ひと》にマッサージさせているかも…と心配《しんぱい》になっちゃったかな？

だいじょうぶ！　マッサージ理論《りろん》のしくみを知《し》っているだけで、キミはこれから気《き》をつけて会話《かいわ》できるようになるからね！　マッサージ理論《りろん》は大人《おとな》でも気《き》がつかないことが多《おお》いから、キミたちが大人《おとな》になったら思《おも》い出《だ》してほしいな。

話《はな》していてあまりに心地《ここち》よいときは、相手《あいて》がキミをマッサージしているのかもしれない！

言葉《ことば》よりも大切《たいせつ》なのは
信頼関係《しんらいかんけい》

藤井貴彦《ふじいたかひこ》アナウンサーの金言《きんげん》

信頼《しんらい》できる人《ひと》の発言《はつげん》は、やっぱりいい言葉《ことば》だよ

言葉《ことば》と人間性《にんげんせい》は深《ふか》く結《むす》びついている

考《かんが》えてから発言《はつげん》することはとても大切《たいせつ》だけど、それと同《おな》じくらい大切《たいせつ》なのが、友《とも》だちとの信頼関係《しんらいかんけい》。

信頼関係《しんらいかんけい》がしっかりできていれば、多少《たしょう》の言葉《ことば》の行《い》き違《ちが》いで、深《ふか》くキズつくことは少《すく》ないよね。

「何《なに》を話《はな》すか」も大切《たいせつ》だけど、「誰《だれ》が話《はな》すか」はもっと大切《たいせつ》。

普段《ふだん》、口数《くちかず》は少《すく》ないけど、いつもクラスのことを考《かんが》えて、掃除《そうじ》をしたり、生《い》き物《もの》のお世《せ》話《わ》をしてくれたりする友《とも》だちが、キミのクラスにもいるんじゃないかな?

そんな友《とも》だちが発言《はつげん》するときには、誰《だれ》だって「聞《き》こう!」という気持《きも》ちになるよね。

大切《たいせつ》なのは人間性《にんげんせい》。言葉《ことば》と人間性《にんげんせい》はとても深《ふか》く結《むす》びついているよ。信頼《しんらい》できる人《ひと》の発言《はつげん》は、やっぱりいい言葉《ことば》なんだよね。

誰《だれ》が発言《はつげん》するか？

誰《だれ》が発言《はつげん》するか？ もとても大切《たいせつ》

コミュニケーションの基本《きほん》は人間関係《にんげんかんけい》！

「誰《だれ》が」発《はっ》した言葉《ことば》かは言葉《ことば》の内容《ないよう》と同《おな》じくらい重要《じゅうよう》

信頼関係《しんらいかんけい》のできている相手《あいて》なら、言葉《ことば》が足《た》りなかったり、的外《まとはず》れなことを言《い》ってしまっても、「本当《ほんとう》はこういうことが言《い》いたかったんだな」と気《き》持ちは伝《つた》わるもの。日《ひ》ごろからよい人間関係《にんげんかんけい》を作《つく》っておくことが、相手《あいて》に正《ただ》しく気持《きも》ちを伝《つた》えることの大切《たいせつ》なカギになるよ。

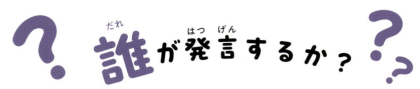

タイプのちがう2人《ふたり》の先生《せんせい》から注意《ちゅうい》されたらどう思《おも》う？

いつもおだやかな先生《せんせい》の場合《ばあい》

「どうしたんだろう！？
何《なに》かよっぽどのことがあったにちがいない」

いつも怒《おこ》っている先生《せんせい》の場合《ばあい》

「すごく怒《おこ》ってるな～。まあ、いつものことだ」

こんな風《ふう》に思《おも》うんじゃない？

どんな発言《はつげん》をするか？はとても大切《たいせつ》だけど

素敵《すてき》な人《ひと》が投《な》げた言葉《ことば》のボールは素敵になる

ボールそのものではなく、どんな人《ひと》がボールを投《な》げたかが重要《じゅうよう》

誰《だれ》からも尊敬《そんけい》される人《ひと》が発《はっ》する言葉《ことば》には力《ちから》がある。逆《ぎゃく》に、どんなに着《き》飾《かざ》っていようと、感心《かんしん》できない生活《せいかつ》を送《おく》っている人《ひと》の言葉《ことば》には、どこか違《い》和感《わかん》がある。普段《ふだん》、その人《ひと》がどんな日常生活《にちじょうせいかつ》を送《おく》っているかは、コミュニケーションではとても大切《たいせつ》。普段《ふだん》から周囲《しゅうい》の人《ひと》たちとよい信頼関係《しんらいかんけい》を築《きず》いて、正《ただ》しい日常生活《にちじょうせいかつ》を送《おく》ることが、自分《じぶん》の気持《きも》ちを伝《つた》える第一歩《だいいっぽ》だよ。

一番《いちばん》重要《じゅうよう》なのは　友《とも》だちを大切《たいせつ》に思《おも》う心《こころ》

伝《つた》える言葉《ことば》の増《ふ》やし方《かた》

第《だい》3章《しょう》

まだ語彙《ごい》の少《すく》ないキミたちが
言葉《ことば》のバリエーションを増《ふ》やすために
できることはなんだろうか?
子《こ》どものうちから実践可能《じっせんかのう》な
伝《つた》える言葉《ことば》の増《ふ》やし方《かた》を紹介《しょうかい》!

自分《じぶん》の思《おも》いを伝《つた》える経験《けいけん》を増《ふ》やそう

藤井貴彦《ふじいたかひこ》アナウンサーの金言《きんげん》

**自分《じぶん》の気持《きも》ちが伝《つた》わった成功体験《せいこうたいけん》が、
言葉《ことば》のバリエーションを増《ふ》やしてくれる**

大切《たいせつ》なのは成功体験《せいこうたいけん》

自分《じぶん》の気持《きも》ちや思《おも》いを伝《つた》えるときに、いろいろな言葉《ことば》を知《し》っている方《ほう》が便利《べんり》だよね。多《おお》くの言葉《ことば》を知《し》っていることを「語彙力《ごいりょく》」があるというけど、10歳《さい》のキミたちは「語彙《ごい》」を増《ふ》やしている最中《さいちゅう》だよね。

使《つか》いこなせる言葉《ことば》も少《すく》ないから「自分《じぶん》の思《おも》いが伝《つた》わった！」と実感《じっかん》することが、まだ少《すく》ないかもしれないね。

だけどね、まだ「語彙《ごい》」の少《すく》ないキミたちだって、自分《じぶん》の思《おも》いを伝《つた》えることはできるよ。どんなに小《ちい》さなことでもいいから、「自分《じぶん》の思《おも》いが伝《つた》わった」と感《かん》じた瞬間《しゅんかん》を覚《おぼ》えておこうね。

自分《じぶん》の思《おも》いが伝《つた》わった成功体験《せいこうたいけん》が、キミの自信《じしん》につながるはず。「伝《つた》わった成功体験《せいこうたいけん》」を積《つ》み重《かさ》ねることで、気《き》がついたら、キミの語彙力《ごいりょく》もアップしているはずだよ。

まだ知《し》っている言葉《ことば》の数《かず》が少《すく》なくても
自分《じぶん》の思《おも》いを伝《つた》える方法《ほうほう》

その1

相手《あいて》の「黒目《くろめ》」を見《み》ながら話《はな》してごらん

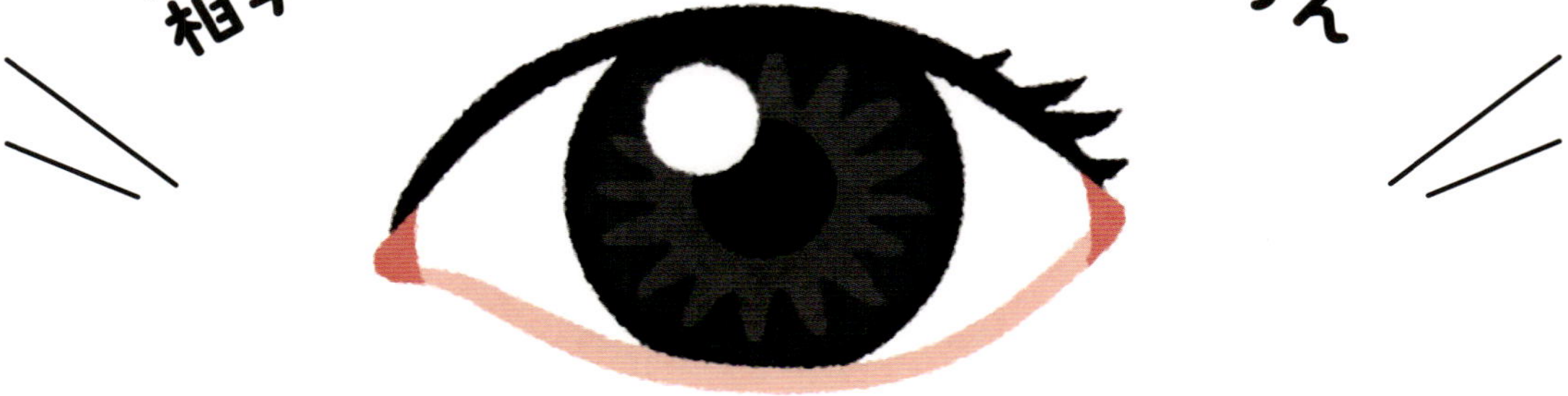

「黒目《くろめ》」を見《み》て話《はな》すと気持《きも》ちが伝《つた》わるよ！ なぜなら…

- 目《め》は心《こころ》の窓《まど》。瞳《ひとみ》に映《うつ》る気持《きも》ちはごまかしようがないんだ。
- 自分《じぶん》の本心《ほんしん》が鏡《かがみ》のように映《うつ》るからこそ、「黒目《くろめ》」を見《み》つめれば、相手《あいて》に真剣《しんけん》な気持《きも》ちが伝《つた》わるんだ。
- 相手《あいて》も「この人《ひと》の話《はなし》を聞《き》こう」という心《こころ》の状態《じょうたい》になる。
- 自分《じぶん》の真剣《しんけん》さが伝《つた》われば、言葉《ことば》がつたなくても内容《ないよう》が伝《つた》わりやすい。

コミュニケーションの基本《きほん》は人間関係《にんげんかんけい》！

大切《たいせつ》なのは「伝《つた》えたい」という
キミの思《おも》いを「伝《つた》える」こと

じっと相手《あいて》の「黒目《くろめ》」を見《み》つめながら話《はな》すことは普段《ふだん》あまりないかもしれない。「目《め》は心《こころ》の窓《まど》」という言葉《ことば》があるように、瞳《ひとみ》に映《うつ》る心《こころ》はごまかしようがないんだ。だからこそ、「黒目《くろめ》」を見《み》ながら話《はな》すのは、自分《じぶん》の心《こころ》を相手《あいて》に開《ひら》いているということになり、「私《わたし》はあなたに真剣《しんけん》に向《む》き合《あ》っているよ」というメッセージになるんだ。

自分《じぶん》の真剣《しんけん》さが伝《つた》われば、思《おも》いが伝《つた》わったという成功体験《せいこうたいけん》も増《ふ》えてくる。次第《しだい》に語彙力《ごいりょく》も身《み》についてくるよ。

※黒《くろ》い瞳《ひとみ》だけでなく、世界《せかい》にはさまざまな目《め》の色《いろ》をした人《ひと》がたくさんいるよ。

無理《むり》に語彙力《ごいりょく》をつける必要《ひつよう》はないよ

藤井貴彦《ふじいたかひこ》アナウンサーの金言《きんげん》

たくさんの情報《じょうほう》を一度《いちど》に伝《つた》えようとしないで、ひとつずつ丁寧《ていねい》に手渡《てわた》せばいい

シンプルに伝《つた》えればいい

言葉《ことば》は道具《どうぐ》と同《おな》じで、使《つか》い慣《な》れていないと使《つか》いこなせない。という説明《せつめい》は34ページでしたよね。

「語彙《ごい》」だってそうだよ。無理《むり》して多《おお》くの言《こと》葉《ば》を覚《おぼ》えても、「覚《おぼ》えている」のと「覚《おぼ》えた言葉《ことば》を上手《じょうず》に使《つか》う」のは別問題《べつもんだい》。言葉《ことば》を上手《じょうず》に使《つか》いこなすには、慣《な》れるための時間《じかん》が必要《ひつよう》。

では、子《こ》どものキミたちが「語彙力《ごいりょく》」に頼《たよ》らずに伝《つた》えるには、どうすればいいのか？

それはね、シンプルに伝《つた》えること。

「自分《じぶん》は伝《つた》えることが苦手《にがて》」と思《おも》っている人《ひと》は、物事《ものごと》をいっぺんに説明《せつめい》しようとしていることが多《おお》いよ。

カゴの中《なか》に入《はい》っている大量《たいりょう》のボールを、一《いっ》気《き》に全部手渡《ぜんぶてわた》そうとしている状態《じょうたい》だね。そんな一度《いちど》には受《う》け取《と》れないね。言葉《ことば》だって同《おな》じ。

ひとつずつ丁寧《ていねい》に手渡《てわた》せばいいんだよ。

まだ知《し》っている言葉《ことば》の数《かず》が少《すく》なくても自分《じぶん》の思《おも》いを伝《つた》える方法《ほうほう》

その2

「実況《じっきょう》ごっこ」でシンプルに伝《つた》える練習《れんしゅう》をしてごらん

実況《じっきょう》ごっこってなんだろう？

- アナウンサーとしての実力《じつりょく》をつける訓練方法《くんれんほうほう》だよ
- 目《め》の前《まえ》にあるものや出来事《できごと》を、ひとつずつ単純《たんじゅん》に言葉《ことば》に出《だ》してみよう。これが実況《じっきょう》の基本《きほん》だよ
- 自分《じぶん》の言《い》いたいことを、ひとつずつ伝《つた》える練習《れんしゅう》になるんだ
- 難《むずか》しい言葉《ことば》を知《し》らなくても、簡単《かんたん》な言葉《ことば》でシンプルに言《い》っていけば大丈夫《だいじょうぶ》！

今日《きょう》の給食《きゅうしょく》の時間《じかん》を例《れい》にして、実況《じっきょう》ごっこで説明《せつめい》してみよう

こんなことに注意《ちゅうい》して、やってみよう

- □ 給食《きゅうしょく》のおかずはいくつあった？ どんなメニューだった？
- □ 好《す》きな食《た》べ物《もの》はあったかな？ 嫌《きら》いな食《た》べ物《もの》は？
- □ 量《りょう》は充分《じゅうぶん》だったかな？多《おお》かった、それとも少《すく》なかった？
- □ 誰《だれ》かと一緒《いっしょ》に食《た》べたのかな？ どんな話《はなし》をしたの？
- □ 教室《きょうしつ》の中《なか》はうるさかった？ 静《しず》かだった？
- □ 食《た》べた後《あと》は何《なに》をしたの？ ほかの子《こ》と遊《あそ》んだ？

同《おな》じように、いろいろ実況《じっきょう》してみよう！

帰《かえ》り道《みち》の様子《ようす》はどうだった？

昼休《ひるやす》みの時間《じかん》に何《なに》をしたかな？

今日《きょう》の授業《じゅぎょう》で一番楽《いちばんたの》しかったのは？

大《おお》きな「くくり」の言葉《ことば》には要注意《ようちゅうい》!

藤井貴彦《ふじいたかひこ》アナウンサーの金言《きんげん》

大《おお》きなくくりの言葉《ことば》に頼《たよ》らないで、自分《じぶん》の言葉《ことば》で表現《ひょうげん》する習慣《しゅうかん》をつけよう

語彙力《ごいりょく》が増《ふ》えない生活習慣《せいかつしゅうかん》

子《こ》どものころに無理《むり》やり語彙力《ごいりょく》を増《ふ》やす必要《ひつよう》はない、という説明《せつめい》を58ページでしたけれど、「語彙力《ごいりょく》が増《ふ》えない生活習慣《せいかつしゅうかん》」を続《つづ》けることはオススメできないよ。

たとえば「ヤバい」という言葉《ことば》があるよね。この言葉《ことば》は本来《ほんらい》「危《あぶ》ない」という意味《いみ》だけど、今《いま》は本来《ほんらい》の意味《いみ》だけでなく、いろいろな意味《いみ》で使《つか》われるよね。

さまざまな状況表現《じょうきょうひょうげん》が「ヤバい」の一言《ひとこと》で済《す》んでしまう時代《じだい》。「ヤバい」の一言《ひとこと》で済《す》めば、考《かんが》えなくていいし、楽《らく》だからね。

だけど、それこそが「語彙力《ごいりょく》」が増《ふ》えない生活習慣《せいかつしゅうかん》。多《おお》くの表現《ひょうげん》を「ヤバい」で済《す》ませることに慣《な》れてしまうと、自分《じぶん》の考《かんが》えを言葉《ことば》で伝《つた》えたいときに困《こま》ってしまう。

「ヤバい」という言葉《ことば》自体《じたい》に罪《つみ》はないけど、使《つか》いすぎには注意《ちゅうい》しようね。

「ヤバい」を使《つか》わず自分《じぶん》の言葉《ことば》で表現《ひょうげん》する練習《れんしゅう》をしてみよう

ラーメンを例《れい》に ヤバい を考《かんが》えてみよう！

なんのこっちゃ

このラーメン、ヤバい

どんな味《あじ》なのかわからないよね！

「おいしい」とは分《わ》かるけど…

今《いま》まで食《た》べた中《なか》で一番《いちばん》おいしい

どのくらいおいしいのかはわかったけど味《あじ》はわからないよね

＼もうひと押《お》し！／

麺《めん》にコシがあっておいしい

少《すこ》し味《あじ》の特徴《とくちょう》がわかってきたよね

自分《じぶん》が大好《だいす》きな札幌《さっぽろ》ラーメンの黄色《きいろ》く太《ふと》い麺《めん》に似《に》ていておいしい

具体的《ぐたいてき》になってきたよね。なんだか食《た》べたくなってきたんじゃない？

「ヤバい」はたくさんの意味《いみ》を含《ふく》んでいる

「ヤバい」のように大《おお》きなくくりの言葉《ことば》は、「すごくいい」「すごく悪《わる》い」といった両極端《りょうきょくたん》な意味《いみ》を含《ふく》むから、「ヤバい」ばかり使《つか》っていると、結局相手《けっきょくあいて》には何《なに》も伝《つた》わらないんだ。「ヤバい」を使《つか》ってしまいそうになったら、より「具体的《ぐたいてき》に」伝《つた》えることを心《こころ》がけてみよう。

友《とも》だち同士《どうし》で互《たが》いにプレゼンしてみよう

- 自慢《じまん》のペット
- 推《お》しのアイドル
- 大好《だいす》きなゲーム

表情《ひょうじょう》を見《み》ながら話《はな》すことには深《ふか》い意味《いみ》があるよ

藤井貴彦《ふじいたかひこ》アナウンサーの金言《きんげん》

**相手《あいて》を喜《よろこ》ばせる言葉《ことば》より、
悲《かな》しませない言葉《ことば》を選《えら》ぶように
意識《いしき》してみよう！**

気持《きも》ちは表情《ひょうじょう》にあらわれる

相手《あいて》の気持《きも》ちになって話《はな》す。とても大切《たいせつ》なことだけど、実際《じっさい》には大人《おとな》でも難《むずか》しいんだ。相手《あいて》の気持《きも》ちを理解《りかい》するには、人生経験《じんせいけいけん》が必要《ひつよう》だからね。ペットを飼《か》ったことがない人《ひと》には、ペットを亡《な》くしてしまった気持《きも》ちを想像《そう》するのは難《むずか》しい。失恋《しつれん》したことがない人《ひと》には、失恋《しつれん》の悲《かな》しさを理解《りかい》するのは難《むずか》しい。すべて人生経験《じんせいけいけん》だからね。

10歳《さい》のキミたちに一番足《いちばんた》りないのが、人生経験《じんせいけいけん》。そんなキミたちが相手《あいて》の気持《きも》ちになって話《はな》す練習《れんしゅう》をするには、どうしたらいいのか？　それはね、話《はなし》をするときに友《とも》だちの顔《かお》を見《み》ること。キミの発言《はつげん》で友《とも》だちの表情《ひょうじょう》が曇《くも》ったとしたら、キミに悪気《わるぎ》はなくても友《とも》だちは「悲《かな》しい気持《きも》ち」になっているかもしれない。その経験《けいけん》を重《かさ》ねながら、思《おも》いやりのある言葉《ことば》を選《えら》べる大人《おとな》へと成長《せいちょう》すればいいよ。

藤井貴彦《ふじいたかひこ》アナウンサーのプロの技《わざ》！

多様性《たようせい》ってなんだろう？

人間《にんげん》には、さまざまな立場《たちば》や考《かんが》え方《かた》があるよね。
同《おな》じ言葉《ことば》でも、受《う》け取《と》る人《ひと》によって「感《かん》じ方《かた》」が違《ちが》うから、難《むずか》しいよね。

東日本大震災《ひがしにほんだいしんさい》の報道《ほうどう》で藤井《ふじい》アナウンサーが考《かんが》えさせられたこと

東日本大震災《ひがしにほんだいしんさい》のとき、たくさんの人《ひと》が住《す》む家《いえ》を失《うしな》った。学校《がっこう》の体育館《たいいくかん》や公民館《こうみんかん》が一時的《いちじてき》な避難所《ひなんじょ》になったんだけど、やむを得《え》ない事情《じじょう》で、避難所《ひなんじょ》に犬《いぬ》や猫《ねこ》などのペットを連《つ》れてくる人たちもいたんだ。

ペットを飼《か》っている人《ひと》たちにとって、ペットは大切《たいせつ》な家族《かぞく》。壊《こわ》れた家《いえ》に置《お》き去《ざ》りにするなんて、できるわけないよね。

だけど、ペットを飼《か》っていなくて、動物《どうぶつ》が苦手《にがて》な人《ひと》たちも避難所《ひなんじょ》にはいるよね。そうし

相手《あいて》の気持《きも》ちを考《かんが》えるには多様性《たようせい》を理解《りかい》することが大切《たいせつ》

た人《ひと》からすると、犬《いぬ》がかみついてきそうで怖《こわ》い。鳴《な》き声《ごえ》が気《き》になる。フンや尿《にょう》の臭《にお》いに慣《な》れない。などの理由《りゆう》で、避難所《ひなんじょ》に連《つ》れてこられたペットに、不快感《ふかいかん》を持《も》つ気持《きも》ちもわかるよね。

ペットと避難所《ひなんじょ》の話《はなし》を読《よ》んで、キミはどう思《おも》ったかな？

ひとつの物事《ものごと》にも、どの側面《そくめん》から見《み》るかによって、さまざまな視点《してん》と感《かん》じ方《かた》がある。いろんな立《た》ち場《ば》や考《かんが》え方《かた》の人《ひと》たちが共存《きょうぞん》する道《みち》を考《かんが》えるという点《てん》で、これも「多様性《たようせい》」の話《はなし》に含《ふく》まれるよ。

人《ひと》に何《なに》かを伝《つた》えるには、まず相手《あいて》の気持《きも》ちを考《かんが》えることが何《なに》よりも重要《じゅうよう》だとこれまで学《まな》んできたよね。

相手《あいて》の気持《きも》ちを考《かんが》えるときに、人《ひと》にはいろいろな考《かんが》え方《かた》がある、ということを知《し》っておくことはとても大切《たいせつ》なんだ。

友《とも》だちのいいところを見《み》つけて、言葉《ことば》で伝《つた》えよう

藤井貴彦《ふじいたかひこ》アナウンサーの金言《きんげん》

友《とも》だちの素敵《すてき》なところを見《み》つけて素直《すなお》に言葉《ことば》で伝《つた》えよう！

カッコイイ大人《おとな》になろう

伝《つた》える言葉《ことば》を増《ふ》やすために、10歳《さい》のキミたちにもできるオススメの方法《ほうほう》がもうひとつあるよ。

それはね、友《とも》だちのいいところを見《み》つけて伝《つた》えること。

友《とも》だちを褒《ほ》めるのって、照《て》れくさいし恥《は》ずかしいよね。だから伝《つた》えるには勇気《ゆうき》が必要《ひつよう》。最初《さいしょ》は難《むずか》しいかもしれないけど「友《とも》だちのここが素敵《すてき》だな」と心《こころ》から感《かん》じたら、その思《おも》いを伝《つた》えて欲《ほ》しいな。キミが心《こころ》から思《おも》っていることだから、お世辞《せじ》とは違《ちが》うよね。

キミに思《おも》いを伝《つた》えられた友《とも》だちは、キミに言《い》われてはじめて「自分《じぶん》の良《よ》さ」に気《き》がつくかもしれない。キミにとっても思《おも》いが伝《つた》わった成功体験《せいこうたいけん》になる。そして成長《せいちょう》したキミは、感謝《かんしゃ》の言葉《ことば》を自然《しぜん》に伝《つた》えられる、素敵《すてき》な大人《おとな》になっているはずだよ。

一《いち》番《ばん》重《じゅう》要《よう》なのは
友《とも》だちを大《たい》切《せつ》にする
キミの心《こころ》だよ

藤井貴彦《ふじいたかひこ》アナウンサーの金言《きんげん》

友《とも》だちを大切《たいせつ》に思《おも》う気持《きも》ち それがすべての出発点《しゅっぱつてん》

いちばん大切《たいせつ》なこと

伝《つた》える言葉《ことば》の選《えら》び方《かた》。コミュニケーションのための言葉選《ことばえら》びは、大人《おとな》にとっても難《むずか》しい問題《もんだい》。一生《いっしょう》をかけて学《まな》んでも学《まな》び足《た》りないくらい、難《むずか》しいテーマなんだ。

だけどね、子《こ》どものキミたちだからこそできることがあるよ。

それはね、友《とも》だちを大切《たいせつ》にすること。友《とも》だちに悲《かな》しい思《おも》いをさせたくない。そんなキミの気持《きも》ちこそが、何《なに》よりも大切《たいせつ》。大切《たいせつ》な友《とも》だちがキズつく言葉《ことば》は誰《だれ》だって使《つか》いたくないよね。友《とも》だちを大切《たいせつ》に思《おも》う気持《きも》ちがあれば、友《とも》だちにかける言葉《ことば》も、自然《しぜん》と優《やさ》しいものになっていくよ。

友《とも》だちを大切《たいせつ》に思《おも》う気持《きも》ちを、大人《おとな》になっても忘《わす》れないで。キミたちが「思《おも》いやりのある言葉《ことば》」を使《つか》える、素敵《すてき》な大人《おとな》に成長《せいちょう》して、幸《しあわ》せな人生《じんせい》を歩《あゆ》んでいくことを信《しん》じているよ。

言葉《ことば》は心《こころ》の大切《たいせつ》な栄養素《えいようそ》

なんだろう？

キミの発言《はつげん》が
キミ自身《じしん》を作《つく》る
キミが使《つか》う言葉《ことば》が
キミ自身《じしん》の人間関係《にんげんかんけい》を作《つく》る

そして、豊《ゆた》かな人間関係《にんげんかんけい》は
キミの人生《じんせい》を幸《しあわ》せに彩《いろど》ってくれる

だから言葉《ことば》はとても大切《たいせつ》！

まとめのページ！

言葉《ことば》って

言葉《ことば》と食《た》べ物《もの》は似《に》ているよ。
栄養《えいよう》バランスを考《かんが》えた
カラダにいい食《た》べ物《もの》を食《た》べていると、
健康《けんこう》なカラダになれるよね。

言葉《ことば》だって同《おな》じ。
いい言葉《ことば》を使《つか》っていると
心《こころ》も健《すこ》やかになっていく。

友《とも》だちのことを考《かんが》えて
思《おも》いやりがある優《やさ》しい言葉《ことば》を
普段《ふだん》から使《つか》っていれば
素敵《すてき》な言葉《ことば》が
似合《にあ》う人間《にんげん》になれる。

どんな言葉《ことば》を使《つか》うかで、
キミ自身《じしん》の印象《いんしょう》が決《き》まるんだよ。

食《た》べ物《もの》はカラダの栄養《えいよう》。
言葉《ことば》は心《こころ》の栄養《えいよう》。

素敵《すてき》な言葉《ことば》を使《つか》う人《ひと》の周《まわ》りには
素敵《すてき》な人《ひと》たちが
集《あつ》まってくるんだ。

素敵《すてき》な人《ひと》たちと過《す》ごす時間《じかん》は
とても楽《たの》しい幸《しあわ》せな時間《じかん》。

素敵《すてき》な人《ひと》たちと
過《す》ごす時間《じかん》が多《おお》いと
心《こころ》も健康《けんこう》になれるよね。

言葉《ことば》はボク自身《じしん》なんだね

言葉《ことば》には、
キミの人生《じんせい》を変《か》える
チカラがあるんだ。

良《よ》い言葉《ことば》が使《つか》えると
キミの人間関係《にんげんかんけい》が変《か》わる。
人間関係《にんげんかんけい》が変《か》わると
キミの人生《じんせい》も変《か》わる。

だからこそ
良《よ》い言葉《ことば》が使《つか》える
豊《ゆた》かな心《こころ》を持《も》った大人《おとな》に
成長《せいちょう》してほしいな！

おわりに　～子《こ》どもたちへ～

みんな最後《さいご》まで読《よ》んでくれてありがとう。

みんなの中《なか》には
「人前《ひとまえ》で話《はな》すことが苦手《にがて》」
「自分《じぶん》の意見《いけん》や思《おも》いを友《とも》だちに伝《つた》えることが苦手《にがて》」
ということで、悩《なや》んでいる人《ひと》も多《おお》いかもしれないね。

でも、心配《しんぱい》する必要《ひつよう》はないよ。
言葉《ことば》で自分《じぶん》の意見《いけん》を伝《つた》えることは、大人《おとな》でも難《むずか》しいんだ。
言葉《ことば》を伝《つた》えるときに大切《たいせつ》なことは
「慌《あわ》てない」こと！

ゆっくり考《かんが》えて、丁寧《ていねい》な言葉《ことば》で伝《つた》えれば、
それだけで相手《あいて》への伝《つた》わり方《かた》は大《おお》きく変化《へんか》するよ。
伝《つた》え方《かた》に自信《じしん》がない人《ひと》は試《ため》してみて。

言葉《ことば》は相手《あいて》に伝《つた》わったときに、
相手《あいて》の行動《こうどう》を変《か》えるチカラがある。

もしも、キミが友《とも》だちに「イヤなこと」をされたら
ゆっくりと丁寧《ていねい》に「やめてほしい」と、伝《つた》えられるようになって欲《ほ》しいな。

暴力《ぼうりょく》では人《ひと》の気持《きも》ちは変《か》えられないけど
言葉《ことば》には人《ひと》の気持《きも》ちを変《か》えるチカラがある。

言葉《ことば》は人《ひと》をキズつけてしまうこともあるけど
人《ひと》を勇気《ゆうき》づけることもできるよね。

どんな言葉《ことば》を使《つか》う大人《おとな》になるか？　それはキミ次第《しだい》。
キミの言葉《ことば》がキミ自身《じしん》を作《つく》っていくからね。

キミたちが、相手《あいて》のことを思《おも》いやれる
素敵《すてき》な言葉《ことば》を使《つか》える、魅力的《みりょくてき》な大人《おとな》になって
幸《しあわ》せな人生《じんせい》を歩《あゆ》んでくれることを楽《たの》しみにしているからね。

フリーアナウンサー　藤井《ふじい》貴彦《たかひこ》

監修者

藤井貴彦（ふじい・たかひこ）

フリーアナウンサー。1971年東京都出身。慶應義塾大学環境情報学部卒。1994年に日本テレビ入社、2010年から『news every.』にてメインキャスターを務める。長年の報道キャスター生活において東日本大震災・熊本地震・西日本豪雨・能登半島地震など数多くの被災地取材活動を行い、被災者へ言葉で寄り添い続ける。2024年３月末で日本テレビを退社。同年４月から『news zero』にてメインキャスターを務める。

10歳から考える 伝える言葉
コミュニケーションのプロが教える 思いやりのある話し方

2025年３月21日　初版第1刷発行

監修者	藤井 貴彦
発行者	永松 武志
発行所	株式会社えほんの杜 〒112-0013　東京都文京区音羽2-4-2 TEL. 03-6690-1796　FAX. 03-6675-2454 URL https://ehonnomori.co.jp
印刷・製本	株式会社シナノパブリッシングプレス
イラスト	キタハラ ケンタ
装丁	山内 宏一郎（SAIWAI DESIGN）
本文デザイン	茂呂田 剛・畑山 栄美子（有限会社エムアンドケイ）
企画編集	立川 宏・原 亜希子（オフィス・ジータ）
校閲	株式会社麦秋新社
販売促進	江口 武

ISBN978-4-904188-81-1
Printed in Japan